zum 1.6.2009

Paul Plantschnase am Meer

Mit ersten Schwimmübungen

Eine Geschichte von Franziska van Almsick

mit Bildern von Betina Gotzen-Beek

HERDER

FREIBURG · BASEL · WIEN

Paul ist heute richtig glücklich, denn er darf mit Mama und Papa ans Meer fahren. Darauf hat er sich schon sehr gefreut! Nach einer langen Fahrt erreichen sie den Strand. Paul kann das Meer rauschen hören.
„Mama“, ruft er und rennt auf die Sanddüne, „komm, schneller, schneller!“
Mama und Papa tragen schwere Taschen. Sie laufen mit Paul über die Dünen zum Meer. „Es ist so schön hier“, ruft Paul. Er möchte gleich ins Wasser rennen.

„Halt, Paul Plantschnase!“, ruft Papa. „Du kannst noch nicht schwimmen! Du brauchst Schwimmflügel, das ist sicherer für dich. Außerdem müssen wir dich eincremen.“ Papa holt eine Flasche mit Sonnenmilch aus der Tasche und reibt Paul ein. Mama pustet die Schwimmflügel auf und streift sie Paul über die Arme. Paul wird immer ungeduldiger, gleich kann er ans Wasser sausen.

Einige Kinder spielen schon im Wasser. Sie springen, tauchen, schwimmen und machen Quatsch. Ganz sicher haben sie viel Spaß. Paul bleibt stehen und schaut ihnen neugierig zu. Da bemerken ihn die Kinder und rufen:

„Komm, spiel auch mit uns!"

Paul antwortet leise: „Ich kann nicht, ich kann noch nicht schwimmen."
„WAS?", rufen einige Kinder. „Du kannst nicht schwimmen?
Das kann doch jedes Kind!" „Nein, ich nicht!"
Mit hängendem Kopf läuft Paul schnell weiter. Er hört die Kinder lachen.
„Das ist gemein", denkt er traurig und wischt sich eine Träne aus dem Gesicht.

Plötzlich spürt Paul ein Stupfen an seinem Bein: „Hallo!“, ruft jemand von unten. Erstaunt sieht Paul einen Seestern im Wasser.
„Hallo, wer bist du denn?“, fragt Paul. „Ich bin Anton und du?“ „Ich bin Paul Plantschnase“, schluchzt er. „Warum bist du so traurig, Paul?“
„Die Kinder spielen im Wasser und ich kann nicht mitspielen, weil ich nicht schwimmen kann.“ „Das ist kein Grund, traurig zu sein, das kann man doch lernen.“ „Wirklich?“, fragt Paul hoffnungsvoll. „Kannst du denn schwimmen?“ „Hey, ich bin ein Seestern! Natürlich kann ich schwimmen. Wenn du möchtest, bringe ich es dir bei!“ „Au ja!“, ruft Paul und schon lacht er wieder. Suchend dreht sich Paul noch einmal um. Er sieht Mama und Papa im Sand sitzen und winkt ihnen zu.
„Lass uns gleich anfangen!“, ruft Seestern Anton. „Etwas ist aber noch wichtig, bevor wir starten. Kannst du erkennen, wo das Wasser dunkler wird?“ „Was meinst du?“, fragt Paul.

„Hier vorn im flachen Wasser ist es hell und dort hinten ist es dunkel und tief. Es ist wichtig, dass du das weißt,

denn dort darfst du erst hin, wenn du sicher schwimmen kannst“, sagt Seestern Anton ernst. „Ja“, sagt Paul, „das verstehe ich.“ „Sehr gut! Dann setzen wir uns hier in das flache Wasser“, sagt Anton.

„Zuerst lernen wir, richtig zu atmen." „Richtig atmen? Ich atme jeden Tag, das kann ich schon." „Aber im Wasser ist das etwas anderes", erwidert Anton. „Wir holen tief Luft und versuchen, solange wir können die Luft anzuhalten. Komm Paul, probier es mal! Kannst du dabei bis drei zählen? EINS, ZWEI, DREI! Wenn du nicht mehr kannst, puste die Luft laut aus. Einatmen, Luft anhalten und laut auspusten. Super!", ruft Seestern Anton, „du machst das toll."
„Ich zeig dir noch etwas.

Halte dir mit einer Hand die Nase zu und stecke den anderen Arm durch. Siehst du, wie ein Elefant! Und nun puste die Luft laut aus!

Versuche, etwas Wasser in den Mund zu saugen und fest auszupusten, wie der Elefant im Zoo. Schmeckst du das Meer?" „Ja!", ruft Paul, „es schmeckt nach Salz." „Traust du dich, das ganze Gesicht unter Wasser zu tauchen?", fragt Seestern Anton. „Na klar, zu Hause in der Badewanne habe ich das schon oft probiert", sagt Paul. Paul hält sich die Nase zu, kneift die Augen zusammen und taucht. Erst ein bisschen und dann immer mehr. „Bravo!", ruft Seestern Anton und klatscht die Arme zusammen.

„Genug für jetzt, du bist ja außer Atem“, lacht Anton. „Lass uns die Beine bewegen!

Schau, wir sitzen hier im flachen Wasser, stützen uns mit den Armen ab und strampeln mit den Beinen. Erst im Sitzen, und dann legen wir uns auf den Rücken.

Los, das geht noch fester!“ Wie ein Springbrunnen spritzen Paul Plantschnase und Anton das Wasser hoch in die Luft. „Wer wohl am höchsten spritzt?“ Paul und Anton fassen sich an den Händen und lachen laut. „Das macht so viel Spaß!“ „Jetzt probieren wir es mal im Liegen, erst auf dem Rücken und dann auf dem Bauch.“ Paul und Seestern Anton liegen auf dem Bauch und strampeln kräftig mit den Beinen. Paul fühlt sich wie ein kleines Motorboot. „Brumm ...“, macht er dabei.
Plötzlich hören sie eine tiefe Stimme: „Geht das auch ein bisschen leiser? Ihr seid viel zu laut und zu wild!“

„Hallo, Treibholz Karl!“, freut sich Seestern Anton. „Wir haben uns lange nicht gesehen. Darf ich dir meinen neuen Freund Paul Plantschnase vorstellen?“
„Hallo Paul“, sagt Karl und erzählt, dass er gerade aus den Ferien zurückgekommen ist und mal sehen wollte, was am Strand so los ist.
„Das trifft sich gut“, sagt Seestern Anton. „Du musst uns helfen. Paul kann nicht schwimmen und wir zeigen ihm, wie es geht.“ „Ja gern, das wird bestimmt lustig“, ruft Karl. „Ich habe eine Idee: Paul, halte dich gut an mir fest und strampel noch mal mit den Beinen!

Leg dich gerade hin und versuche, ein bisschen mit den Beinen aus dem Wasser zu kommen.“ „Wie ein Motorboot?“, fragt Paul.

„Ja genau, wie ein Motorboot, versuch es mal!“
Paul legt seine Arme über Treibholz Karl und strampelt los.
„Klasse!“, ruft Seestern Anton. „Du bist richtig schnell.“
Die beiden schwimmen am Ufer hin und her. „Puh, ist das anstrengend“, stöhnt Karl. „Aber du musst es noch mal in Rückenlage probieren.“

Seestern Anton hilft Paul Plantschnase, sich auf den Rücken zu drehen. „Halte dich an Karl fest. Keine Angst, ich bleibe in der Nähe und passe auf.“ So traut sich Paul, das Paddeln auch in der Rückenlage zu probieren. Er strampelt mit den Beinen, den Kopf hat er auf Treibholz Karl gelegt und mit den Händen hält er sich fest.
Nur sein Gesicht schaut noch aus dem Wasser.
„Die Wolken am Himmel ziehen aber schnell vorbei“, denkt Paul. Die Sonne blinzelt ihm ins Gesicht. Plötzlich hört er Karl rufen: „Paul, welche Farbe hat deine Badehose eigentlich? Zeig doch mal, ich kann sie nicht richtig erkennen.“ Paul versucht, seinen Po anzuheben, damit Karl die Hose besser sehen kann. „Weiter mit den Beinen strampeln“, ruft Treibholz Karl. Paul wird schneller im Wasser.

„Das geht ja viel leichter, wenn ich versuche,
den Po anzuheben“, freut sich Paul.

„AH! Hab ich es doch gewusst“, schmunzelt Karl, „die Farbe deiner Hose ist rot.“ Die drei schwimmen, strampeln und haben viel Spaß.

„Jetzt brauche ich aber eine Pause“, ruft Treibholz Karl, „kommt, wir setzen uns an den Strand.“
Sie bemerken nicht, dass ihnen ein Mädchen aus der Ferne zuwinkt.
„Hallo“, sie kommt näher.
„Ich bin Anne.“ Paul verzieht das Gesicht, denn er hatte das Mädchen bei den anderen Kindern gesehen. „Sei nicht mehr böse, wir wollten dich nicht ärgern“, sagt sie.
„Das war gemein von euch, ihr habt mich ausgelacht, nur weil ich nicht schwimmen kann“, klagt Paul Plantschnase.

Seestern Anton und Treibholz Karl nicken: „Wenn jemand etwas noch nicht richtig kann, lacht man nicht darüber." „Ich weiß", sagt Anne zerknirscht. „Wollen wir trotzdem Freunde sein?" Anne schaut Paul in die Augen. Paul zögert, aber Anne gefällt ihm. Er sagt mit einem Lächeln: „Na gut." „Ich habe euch vorhin beim Schwimmen zugesehen, du machst das toll", sagt Anne.

„Soll ich dir mal eine Schwimmbrille leihen? Ich habe zwei davon. Damit kannst du unter Wasser sehen."

„Ja!!!", ruft Seestern Anton begeistert. „Dann kann ich euch mein Zuhause zeigen und wir können nach Schätzen tauchen."

„Zuerst machen wir noch eine letzte Übung“, bestimmt Seestern Anton. „Paul Plantschnase, du legst dich auf den Rücken! Ich mach es dir vor, siehst du? Treibholz Karl legt sich längs unter deinen Rücken, damit du flacher auf dem Wasser liegst, und dann versuchst du, deine Arme dazu zu bewegen. Das Strampeln mit den Beinen nicht vergessen und die Arme lässt du wie eine ... äh ...“, überlegt Seestern Anton, „wie eine Windmühle kreisen.“

„Das ist toll!“, ruft Paul. Er lässt die Arme kreisen und strampelt dabei kräftig mit den Beinen.

„Tut-tut“, ruft er. „Platz da, ich komme. Ich kann schwimmen! Ich kann schwimmen!“, ruft Paul. „Nicht so übermütig“, plötzlich hält Treibholz Karl ihn an. „Weiter, weiter!“, ruft Paul und versteht nicht, warum Karl ihn bremst.

„Paul“, sagt Seestern Anton, „das hier ist erst der Anfang. Du musst zu Hause einen richtigen Schwimmkurs machen, denn es ist sehr wichtig, dass du das Schwimmen ordentlich lernst.“ „Das musst du uns versprechen!“, brummt Treibholz Karl mit ernstem Gesicht. „ Aber ...“, flüstert Paul.

„Sie haben recht“, hört Paul Anne rufen. „Du musst dein Schwimmabzeichen machen. Wenn du gelernt hast, wie ein Frosch zu schwimmen, brauchst du keine Schwimmflügel mehr. Aber du wirst das schaffen, ganz sicher.“

„Quak, quak“, macht Paul Plantschnase und seine Freunde lachen.

„Jetzt probieren wir endlich die Schwimmbrille“, lacht Seestern Anton. Paul Plantschnase zieht sich die Schwimmbrille über die Augen. Anne hilft ihm dabei.

„Du musst aufpassen, dass keine Haare unter die Schwimmbrille rutschen, sonst ist sie nicht dicht und es kommt Wasser rein.“

Anne setzt auch ihre Schwimmbrille auf. Die beiden Kinder gehen auf die Knie, um vorsichtig den Kopf ins Wasser zu tauchen. Seestern Anton freut sich: „Ich zeige euch jetzt mein Zuhause, folgt mir.“ „Nicht so schnell, ich will auch mit“, brummt Treibholz Karl.

Die Kinder tauchen ihr Gesicht ins Wasser und krabbeln Seestern Anton hinterher. Sie sehen den schönen Sandboden, der stetig seine Form ändert, weil das Wasser sich bewegt. In der Ferne zucken kleine bunte Fische, die ihnen zuwinken. Zwischendurch müssen sie immer wieder zum Luftholen den Kopf heben. Aber der Blick unter die Wasseroberfläche ist so spannend, dass sie schnell wieder abtauchen. Seestern Anton zeigt ihnen eine kleine Kuhle am Meeresboden, in der er meistens schläft. Auf den Knien kriechen die Kinder vorwärts und Treibholz Karl folgt ihnen.

Plötzlich zuckt Paul Plantschnase zusammen und erstarrt. „Was ist los mit dir?“, fragt Anne und auch Treibholz Karl schaut ratlos. Doch Paul reißt seine Augen weit auf und bewegt sich nicht. Seestern Anton kitzelt ihn und sagt:

„Keine Angst, das ist nur die flinke Krabbe Frieda, die tut dir nichts.“

Anne guckt neugierig an Paul vorbei. Und tatsächlich, zwei große streitlustige Krabbenaugen blicken ihr direkt ins Gesicht. „Hallo, Frieda!“, winkt Anton. „Das sind meine neuen Freunde, Anne und Paul.“ „Aha! Schau mal an ...“, meint Frieda mürrisch und schimpft: „Platz da, das ist mein Weg! Was macht ihr überhaupt hier?“ Seestern Anton erklärt ihr schnell: „Wir haben ein bisschen schwimmen geübt, nun wollen wir Paul und Anne unser Zuhause zeigen.“ Treibholz Karl fügt hinzu: „So gut wie ich Brustschwimmen kann, ist nämlich nicht einmal ein Frosch!“ „Und so gut wie ich Delfinschwimmen kann, ist kein Delfin!“, prahlt die flinke Krabbe Frieda lautstark. „Das stimmt! Du hast ja auch alle Schwimmabzeichen“, sagt der Seestern und schaut unsicher zu Treibholz Karl, der gutmütig nickt.

„Kannst du uns nicht helfen? Wir wollen auch so gut schwimmen können wie du“, meint Paul friedfertig. „Was kannst du denn schon?“, fragt Frieda mürrisch.

„Wir können richtig atmen und fest mit den Beinen strampeln, wir können auf dem Rücken gleiten wie ein Motorboot und tauchen auch. Ja, und die Arme wie eine Windmühle kreisen lassen“, freut sich Paul.

„Ach papperlapapp“, meckert Frieda aufs Neue, „das kann jeder behaupten. Zeig mir einfach, was du kannst, und zwar dort, wo das Wasser dunkel und tief ist. Komm mit mir“, ruft Frieda verlockend und schwimmt voraus.

Paul zögert einen Moment und erinnert sich an Seestern Antons Worte:

Dort hinten, wo es dunkel und tief ist,
darf man erst hin, wenn man sicher
schwimmen kann.

„Nein! Ich gehe nicht ins tiefe Wasser“, antwortet Paul ernst. „Bravo, Paul Plantschnase, du hast dich richtig entschieden. Bis du sicher schwimmen kannst, musst du noch viel üben“, sagt Seestern Anton.

Plötzlich hört Paul Mama rufen: „Paul, komm jetzt bitte aus dem Wasser, du warst lange genug baden, du hast schon ganz blaue Lippen.“ Und tatsächlich, Paul hat nicht gemerkt, wie kalt ihm ist.
„Schade“, denkt Paul, „die Zeit ist so schnell vergangen.“
„Warte einen Moment, ich habe noch etwas für dich.“ Seestern Anton holt einen seltsamen Stein hervor. „Sieh genau hin, Paul, ich habe hier einen Schatz für dich. Erkennst du das kleine Loch im Stein? Der Sand auf dem Meeresboden hat den Stein durch das Auf und Ab der Wellen geformt. Behalte diesen Stein und vergiss uns nicht!“
Voller Stolz hält Paul seinen Schatz ganz fest. Mama wartet schon mit einem großen Handtuch und wickelt Paul lieb darin ein. „War dein Tag heute schön?“, fragt sie. „Ja“, sagt Paul.

Er hält den Stein hoch in die Luft. „Einen Stein mit Loch nennt man Hühnergott“, ruft Papa. „Das ist etwas sehr Besonderes, toll, du kleine Plantschnase.“
Mama holt ein Band aus ihrer Tasche. Sie hilft Paul, den Stein an das Band zu binden. Paul hängt sich den Stein um den Hals und strahlt, denn eines weiß er ganz sicher: Dieser Schatz wird ihn immer an seine neuen Freunde und den schönen Tag am Meer erinnern.

Als Hühnergott wird ein Stein mit einem natürlich entstandenen, durchgehenden Loch bezeichnet.